Género Cuento exagerado

Pregunta esencial

¿Qué tipo de historias contamos? ¿Por qué las contamos?

Pedro Urdemales y el gigante del bosque

Claudia María Ramírez López

ilustrado por Valeria Cervantes

Capítulo 1

Pedro Urdemales

Pedro Urdemales era un astuto joven a quien le gustaba viajar de un lado para otro. Prefería caminar, y cuando se cansaba montaba el primer caballo que encontraba, por supuesto, después de haber pedido permiso a su dueño para llevárselo. Dormía donde lo sorprendiera la noche y se bañaba donde encontrara agua, bien fuera un manantial, un lago o un pequeño charco. Comía donde encontrara comida, ya fuera un pueblo, el campo o las montañas. Con frecuencia, solía meterse en problemas, pero salía de ellos con la misma facilidad.

Pedro Urdemales no tenía miedo a nada: se enfrentaba a los más grandes peligros con la tranquilidad y fiereza de un león. Si en la noche había aullidos de lobos, Pedro Urdemales seguía durmiendo como si fuera un oso en estado de hibernación.

Como verás, era un muchacho tranquilo, valiente, paciente, enérgico e inteligente.

Pedro Urdemales caminaba una vez en medio de una noche helada en la que soplaba un ventarrón que por poco arrancaba los árboles de la montaña. El frío era tan fuerte que las lágrimas del joven estaban a punto de convertirse en cubitos de hielo. Bueno, las lágrimas que guardaba muy bien dentro de sus lagrimales, pues Pedro no lloraba: nada le daba miedo, ni pavor, y nada le causaba dolor.

Aunque la luna no estaba llena, su brillo alcanzaba a iluminar su camino. Además, había tantas estrellas en el cielo como arena en el mar. Las constelaciones se veían claramente, nítidas y maravillosas. Por ello, los lobos no aullaban y las luciérnagas dormían tranquilas ya que su luz no era necesaria para iluminar el camino.

El frío, agudo y penetrante, obligó a Pedro a buscar un lugar donde refugiarse. Si bien era audaz y fuerte, sabía que un resfriado puede derribar al más valiente de los valientes. Así que era mejor buscar un lugar cálido y cuidar la salud.

Vio una cueva enorme y acogedora. Sería perfecta para protegerlo del frío y darle calor en esta helada noche. Entró como si fuera su casa. La detalló y le pareció adecuada. Así que salió a recoger un poco de leña seca para encender una hoguera.

La noche de Pedro prometía ser bastante tranquila: tenía un techo bajo el cual resguardarse, un delicioso calor provenía de la hoguera y podía cubrirse con una suave manta que encontró en el lugar.

Encendió la hoguera, se acostó cerca de ella y se durmió. Al poco tiempo se despertó sobresaltado. Había ocurrido algo extraño. Un par de ojos, más grandes que la propia luna, en todo su esplendor, lo estaban mirando con un poco de intriga, recelo y hasta una pizca de rabia. ¡Eran los ojos de un gigante!

¿Qué haría Pedro? ¿Qué querría el gigante? ¿Qué sucedería en esa helada noche de luna creciente?

Pedro lo saludó y el gigante, como un gigante educado que era, respondió el saludo. Le habían enseñado desde muy pequeño que lo cortés no quita lo valiente.

—Esta cueva es mía —dijo el gigante con una voz que retumbó hasta la última piedra de la cueva—, y usted, señor, la ha invadido. ¿Acaso no le enseñaron que es de muy mala educación entrar sin ser invitado?

—Disculpe, señor gigante —respondió Pedro Urdemales—. La noche está muy fría y necesito refugio. A nadie le gustan los resfriados. Pensé que la cueva no tenía dueño, pero ya que usted está aquí, le solicito muy amablemente que me dé posada esta noche. Me llamo Pedro Urdemales.

Capítulo 2

La duda del gigante

—¿Pedro Urdemales? —preguntó asombrado el gigante—. ¿El mismo personaje de las leyendas que se cuentan de pueblo en pueblo, de bosque en bosque, de cueva en cueva, de constelación en constelación? ¿El que sobresale por su ingenio y valentía? Tendrás que demostrármelo.

—Señor gigante, no sé qué historias han llegado a sus oídos. Lo único que sé es que mi nombre es Pedro Urdemales y me gusta viajar a pie o a caballo. Descanso cuando haya que descansar. Me baño donde haya agua y como cuando haya qué comer.

El gigante estaba asombrado. ¡Pedro Urdemales estaba en su cueva! Había escuchado muchas historias acerca de la inteligencia de este joven. Ahora se preguntaba si, en realidad, el muchacho era tan inteligente como contaban las leyendas o todo era una invención de las personas interesadas en que Pedro Urdemales gozara de gran fama.

Por ello, el gigante ideó un plan: pondría a prueba el ingenio de Pedro Urdemales y comprobaría de una vez por todas que esas leyendas no eran ciertas. Probablemente, Urdemales era tan solo un hombre común que algún día se enfrentó a una araña peluda y, como todo el mundo teme a las arañas negras y peludas, la gente creyó que era muy valiente. La siguiente persona que relató el suceso seguramente dijo que la araña tenía el tamaño de una montaña. La siguiente, que Pedro Urdemales no sintió pavor. La siguiente afirmó que tenía las manos atadas por la telaraña de la araña gigante. Y así cada una fue añadiendo alguna exageración a la historia.

Al tenerlo en frente y ver que tenía el tamaño promedio de cualquier hombre, el gigante no se resistió y retó a Pedro Urdemales.

—He escuchado muchas historias sobre usted. Si en realidad es Pedro Urdemales, deberá superar tres pruebas para comprobarlo —dijo el gigante—. En caso de que salga triunfante de ellas, le obsequiaré una bolsa llena de monedas de oro, pero si pierde alguna quedará encerrado en esta cueva por el resto de su vida. Nadie ha engañado ni ha osado enfrentarse al gigante del bosque. ¿O acaso ha sido esa su intención?

Detective del lenguaje

El texto subrayado es un pretérito perfecto compuesto. Busca otro pretérito perfecto compuesto en esta página.

Capítulo 3

La primera y segunda prueba

La primera prueba era sencilla: lanzar una piedra. Ganaría aquel que la lanzara más lejos.

El gigante creyó que Pedro perdería, porque, ¿quién puede lanzar una piedra con mayor fuerza y a mayor distancia que un gigante?

El gigante le explicó la prueba muy bien a Pedro y le reiteró que recibiría un premio o un castigo.

—Elija la piedra que quiera. Búsquela entre las que están fuera de la cueva —dijo el gigante con severidad.

El muy ingenioso y astuto Pedro tomó una peculiar piedra que tenía plumas y pico. ¡Así es, querido lector! No tomó una piedra sino un pajarillo gris y lo guardó muy bien para evitar que el gigante se percatara de ello. ¿Qué haría Pedro con un pajarillo en el bolsillo?

El gigante salió de la cueva dando pasos tan fuertes y firmes que hicieron bambolearse al más robusto de los robles del bosque. Cogió la primera piedra que encontró y la lanzó. Esta voló por los aires, atravesó el bosque, después un lago, luego un desierto y finalmente un valle. Se demoró cerca de dos horas en su aterrizaje. El gigante era el campeón. No cabía la menor duda.

Pedro Urdemales dibujó una sonrisa en su rostro. Metió la mano en el bolsillo, sujetó su "piedra" y la lanzó con fuerza. Esta curiosa piedra extendió sus alas y se perdió en el horizonte. El gigante no la vio más, y el pajarillo voló y voló y solo se posó sobre la superficie terrestre hasta el día siguiente.

El gigante no podía creer que Pedro lo hubiera vencido en esa prueba tan sencilla. Al parecer, todas las leyendas que se contaban de él eran ciertas y, en verdad, llevaba a cabo actos heroicos como los que se contaban a diestra y siniestra.

El gigante reconoció su derrota. Sacó una gran bolsa de monedas de oro de su cueva y se la entregó a Pedro, ya que es de caballeros cumplir los tratos pactados.

A la mañana del día siguiente, realizarían la segunda prueba. El gigante estaba seguro de que ganaría, recuperaría la bolsa de monedas y encerraría a este Pedro Urdemales en su cueva.

La segunda prueba era un poco más difícil: pulverizar unas piedras. Estas eran más duras que el hierro. Por eso, el único capaz de volverlas polvo con sus enormes manos era el gigante. Él le explicó a Pedro en qué consistiría la prueba, cuidando de recalcar, una y otra vez, el premio y el castigo. Pedro aceptó, pero antes de salir verificó que en su bolsillo hubiera gran cantidad de quesillos. ¿Qué harían unos quesillos en el bolsillo de este ingenioso joven?

Salieron de la cueva y se prepararon. El gigante comenzó. Tomó una gran cantidad de piedras enormes, tan grandes como la montaña donde estaba la cueva y más resistentes que el hierro de los barcos. Alzó su enorme brazo y las hizo polvo de un solo puñetazo. Un gran estruendo se escuchó por todo el bosque. El gigante había superado la prueba: las enormes y fuertes rocas habían quedado hechas polvo en un instante. Estaba seguro de su victoria. Encerraría a Pedro en su cueva y recuperaría la bolsa de monedas de oro que el joven había ganado el día anterior.

Llegó el turno de Pedro. El bosque estaba en silencio. El gigante se mantenía vigilante. Esperaba que Pedro no tuviera la fuerza suficiente para pulverizar una sola roca.

Pedro tomó aliento. Puso el quesillo en su mano y simuló tomar una gran roca del suelo. Hizo tales gestos que el gigante creyó que, en efecto, estaba haciendo una fuerza sobrehumana para convertir la roca en polvo.

De las manos de Pedro comenzaron a salir minúsculos pedazos de "roca". El gigante no lo podía creer: ni aun la pócima más poderosa para adquirir fuerza en un segundo daba un vigor semejante. Ni siquiera él mismo, el gran gigante del bosque, podía pulverizar una roca entre sus manos. ¡La fuerza de este joven era descomunal!

El gigante reconoció que el joven era la persona más fuerte que había conocido en sus 300 años de vida. Así que, como lo había prometido, le dio la segunda bolsa de monedas de oro.

Pedro había lanzado una piedra sin que aterrizara. Había pulverizado una piedra entre sus manos. Solo le faltaba superar una prueba más y saldría de la cueva con tres bolsas llenas de monedas de oro.

Capítulo 4

La tercera prueba

La luna y las constelaciones desaparecieron del oscuro firmamento y el sol llegó para iluminar todos los rincones de la superficie terrestre. El día de la tercera prueba había llegado. Esta era la última oportunidad que tenía el gigante para demostrar que Pedro no era tan ingenioso, inteligente, valiente y fuerte como todos decían.

—¿En qué consiste la tercera prueba? —le preguntó Pedro al gigante.

—Hoy cargaremos leños en la espalda y ganará quien sostenga la carga más pesada —respondió el gigante con un tono de victoria, ya que nadie tenía más fuerza para cargar leños que él.

—Si gana la prueba de hoy —exclamó el gigante—, Pedro Urdemales podrá irse victorioso de la cueva con tres bolsas llenas de oro. Además me encargaré de seguir contando leyendas acerca de su ingenio y su fuerza. Si pierde, deberá permanecer en la cueva por el resto de sus días y me encargaré en persona de desmantelar su fama de hombre fuerte y valiente.

Ambos estaban decididos a ganar.

El gigante se dirigió al bosque y reunió grandes cantidades de leña. La carga era tan grande que su peso era superior al de treinta gigantes reunidos. ¡Había demostrado poseer una fuerza descomunal!

Apenas el gigante le hubo enseñado a Pedro cómo había alzado semejante cantidad de leños, el muchacho tomó tres cuerdas y emprendió su partida. El gigante lo detuvo.

—¿Adónde se dirige con esas cuerdas? ¿Qué piensa hacer? —le preguntó intrigado.

—Voy a demostrarle a usted, señor gigante, que mi fuerza es superior a la suya —respondió Pedro con gran seguridad.

—Y... ¿cómo lo hará? ¿No vio la cantidad de leños que alcé? Usted, Pedro Urdemales, sería incapaz de sostener tal carga así fuera un gigante como yo.

Detective del lenguaje	**Busca dos tiempos verbales compuestos en esta página.**

—Mire usted que sí —respondió Pedro Urdemales con una gran sonrisa—. Con estas tres cuerdas que ve aquí, ataré el bosque entero, lo llevaré a mi casa y venderé toda la leña.

El gigante se quedó sin palabras. Ni siquiera él era capaz de cargar el peso de todo el bosque.

—Pedro Urdemales, reconozco que no tengo la fuerza suficiente para cargar en mi espalda el bosque entero. Usted, señor, me ha vencido en las tres pruebas que le he puesto. Así que tome su tercera bolsa de oro. De hoy en adelante me encargaré de seguir contando las leyendas que se cuentan de usted. Perdí ante un gran hombre que demostró tener una fuerza superior a la de un gigante.

El gigante le dio la mano a Pedro. Este partió muy contento recorriendo el mundo a pie y a caballo, descansando cuando debía descansar, comiendo cuando debía comer y bañándose cuando debía bañarse.

Resumir

Usa los detalles más importantes de *Pedro Urdemales y el gigante del bosque* para resumir el cuento. Puedes usar el organizador gráfico como ayuda.

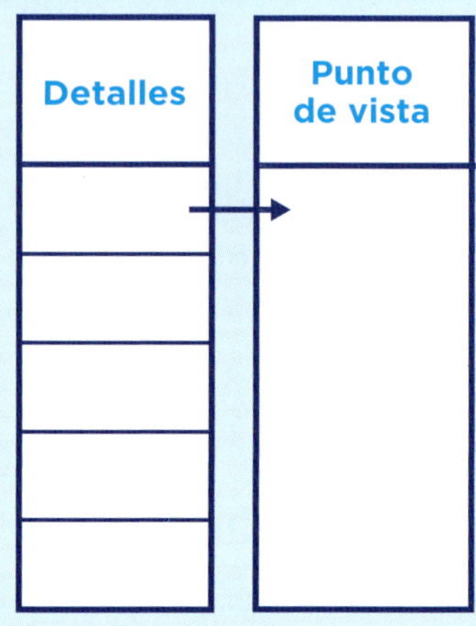

Evidencia en el texto

1. ¿Cómo sabes que *Pedro Urdemales y el gigante del bosque* es un cuento exagerado? Identifica dos características que te permitan determinarlo. **GÉNERO**

2. ¿Qué opina el narrador acerca de Pedro Urdemales? Da ejemplos tomados del cuento. **PUNTO DE VISTA**

3. En la página 2 aparece la palabra *pavor.* ¿Qué sinónimos tiene? **SINÓNIMOS Y ANTÓNIMOS**

4. Elige una escena del cuento y nárrala desde el punto de vista del gigante. **ESCRIBIR SOBRE LA LECTURA**

Género Leyenda

Compara los textos

Lee una leyenda acerca de una fuente asombrosa.

La fuente de la juventud

En el año 1513, el explorador español Juan Ponce de León navegaba hacia el Nuevo Mundo. Esperaba descubrir la tierra de Bimini. Quería reclamarla para el rey de España.

Se decía que Bimini era la tierra de la belleza y la riqueza. Si Ponce de León la encontraba, se le otorgaría el derecho de gobernarla en nombre del rey de España.

El explorador había escuchado la leyenda de un estanque especial de agua. Ese lugar era conocido como la fuente de la juventud. Según la leyenda, cualquiera que bebiera de sus aguas o se bañara allí volvería a ser joven.

A bordo de su embarcación, el explorador reflexionó sobre la historia. ¿Podría ser verdad? Quizás la fuente de la juventud se podría encontrar en la aún inexplorada tierra de Bimini.

Illustration: Juan Caminador

Ponce de León dejó su mente a la deriva. Imaginaba cómo sería encontrar la legendaria fuente.

En tiempos antiguos, Alejandro Magno había hablado de una milagrosa fuente de “agua dulce”. Sus guerreros se habían bañado en ella y habían rejuvenecido. ¿Estaría quizás en el Medio Oriente?

Otros tenían la certeza de que la fuente estaba en Etiopía. Alguien le había contado a Ponce de León una leyenda reciente sobre un jefe arahuaco de Cuba. La historia decía que este había navegado hacia el norte con un grupo de aventureros, pero nunca regresó. ¿Acaso estos hombres, eternamente jóvenes, vivían al lado de la fuente de la juventud en la hermosa tierra de Bimini?

Muchos creían que la fuente de la juventud estaba en algún lugar del Nuevo Mundo que trazó en un mapa Colón. Pensaban que solo era cuestión de tiempo antes de que un heroico explorador la descubriera. Ponce de León deseaba tanto ser ese explorador que casi no podía conciliar el sueño.

Un día, desde el puesto de observación de la embarcación, un marinero comenzó a gritar y a señalar mientras miraba algo por su catalejo, y se lo pasó a Ponce de León. Allí, justo donde los navegantes la habían ubicado en los mapas, se encontraba una tierra hermosa cubierta por un arcoíris de flores.

—¡Bimini! —gritó Ponce de León.

Sin embargo, su tripulación no encontró la fuente de la juventud. En cambio descubrió un lugar al que llamaron La Florida, conocida en la actualidad como Florida.

Hoy en día el Parque Arqueológico de la Fuente de la Juventud está ubicado en el lugar donde Ponce de León desembarcó en la costa de Florida.

Con respecto a la fuente de la juventud, aún espera ser descubierta.

Posdata

Ponce de León fue un personaje real. Hay muy poca evidencia histórica que lo vincule con la búsqueda de la fuente de la juventud. Sin embargo, con el tiempo, su nombre, la legendaria fuente y su desembarco en la costa de Florida se han entrelazado tanto que la historia se ha convertido en leyenda.

Haz conexiones

¿Por qué las personas explican la naturaleza o los sucesos naturales por medio de leyendas? **PREGUNTA ESENCIAL**

¿En qué se parecen los relatos sobre Pedro Urdemales y Ponce de León? ¿En qué se diferencian? **EL TEXTO Y OTROS TEXTOS**

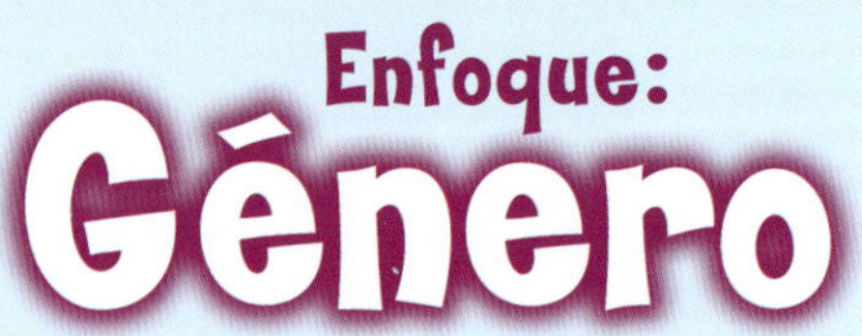

Cuento exagerado Estos cuentos son relatos sobre personas con habilidades exageradas. Con frecuencia, resaltan cualidades que se valoran en una cultura, como la fuerza física o la confianza en sí mismo. A veces, un cuento puede basarse en la vida de una persona real, pero se exageran sus proezas más allá de lo que pudo haber sido verdad.

Lee y descubre La fama de ingenioso y valiente de Pedro Urdemales va creciendo gracias a que la gente cuenta sus hazañas, haciéndolas más y más increíbles. Estas se describen mediante comparaciones exageradas. Por ejemplo, en la página 15, el gigante admite que perdió "ante un gran hombre que demostró tener una fuerza superior a la de un gigante".

Tu turno

¿Qué habilidades valoras? Haz una lista con varias de estas. Por ejemplo, ser un excelente bailarín, ser ágil y rápido para los deportes o tener memoria fotográfica.

Elige al menos tres habilidades y escribe para cada una de ellas una comparación exagerada que describa a una persona que tenga esta habilidad. Por ejemplo, "Tina era más rápida que un guepardo, así que podía atravesar toda África en menos de una hora".

Ilustra una de tus ideas y muéstrasela a tus compañeros.